Made in the USA
Las Vegas, NV
12 October 2024

96743792R00066